This is a work of fiction. Names, characters, businesses, places, events, locales, and incidents are either the products of the author's imagination or used in a fictitious manner. Any resemblance to actual persons, living or dead, or actual events is purely coincidental.

No part of this book may be reproduced or transmitted in any form or by any means without written permission from the publisher.

For information please contact:
Brother Mockingbird, LLC
www.brothermockingbird.org
ISBN: 978-1-960226-07-5

SHOW: ___________________________

CHANNEL: ___________________________

SEASON: ___________________________

EPISODE: ___________________________

RATING: ☆ ☆ ☆ ☆ ☆

SHOW: ___________________________

CHANNEL: ___________________________

SEASON: ___________________________

EPISODE: ___________________________

RATING: ☆ ☆ ☆ ☆ ☆

SHOW: ___________________________

CHANNEL: ___________________________

SEASON: ___________________________

EPISODE: ___________________________

RATING: ☆ ☆ ☆ ☆ ☆

SHOW: ___________________________________

CHANNEL: ________________________________

SEASON: _________________________________

EPISODE: ________________________________

RATING: ☆ ☆ ☆ ☆ ☆

SHOW: ___________________________________

CHANNEL: ________________________________

SEASON: _________________________________

EPISODE: ________________________________

RATING: ☆ ☆ ☆ ☆ ☆

SHOW: ___________________________________

CHANNEL: ________________________________

SEASON: _________________________________

EPISODE: ________________________________

RATING: ☆ ☆ ☆ ☆ ☆

SHOW: ____________________

CHANNEL: ____________________

SEASON: ____________________

EPISODE: ____________________

RATING: ☆ ☆ ☆ ☆ ☆

SHOW: ____________________

CHANNEL: ____________________

SEASON: ____________________

EPISODE: ____________________

RATING: ☆ ☆ ☆ ☆ ☆

SHOW: ____________________

CHANNEL: ____________________

SEASON: ____________________

EPISODE: ____________________

RATING: ☆ ☆ ☆ ☆ ☆

SHOW:

CHANNEL:

SEASON:

EPISODE:

RATING: ☆ ☆ ☆ ☆ ☆

SHOW:

CHANNEL:

SEASON:

EPISODE:

RATING: ☆ ☆ ☆ ☆ ☆

SHOW:

CHANNEL:

SEASON:

EPISODE:

RATING: ☆ ☆ ☆ ☆ ☆

SHOW: ___________________________

CHANNEL: ___________________________

SEASON: ___________________________

EPISODE: ___________________________

RATING: ☆☆☆☆☆

SHOW: ___________________________

CHANNEL: ___________________________

SEASON: ___________________________

EPISODE: ___________________________

RATING: ☆☆☆☆☆

SHOW: ___________________________

CHANNEL: ___________________________

SEASON: ___________________________

EPISODE: ___________________________

RATING: ☆☆☆☆☆

SHOW:

CHANNEL:

SEASON:

EPISODE:

RATING: ☆ ☆ ☆ ☆ ☆

SHOW:

CHANNEL:

SEASON:

EPISODE:

RATING: ☆ ☆ ☆ ☆ ☆

SHOW:

CHANNEL:

SEASON:

EPISODE:

RATING: ☆ ☆ ☆ ☆ ☆

SHOW: ___________________________

CHANNEL: ___________________________

SEASON: ___________________________

EPISODE: ___________________________

RATING: ☆ ☆ ☆ ☆ ☆

SHOW: ___________________________

CHANNEL: ___________________________

SEASON: ___________________________

EPISODE: ___________________________

RATING: ☆ ☆ ☆ ☆ ☆

SHOW: ___________________________

CHANNEL: ___________________________

SEASON: ___________________________

EPISODE: ___________________________

RATING: ☆ ☆ ☆ ☆ ☆

SHOW: _______________________

CHANNEL: _______________________

SEASON: _______________________

EPISODE: _______________________

RATING: ☆ ☆ ☆ ☆ ☆

SHOW: _______________________

CHANNEL: _______________________

SEASON: _______________________

EPISODE: _______________________

RATING: ☆ ☆ ☆ ☆ ☆

SHOW: _______________________

CHANNEL: _______________________

SEASON: _______________________

EPISODE: _______________________

RATING: ☆ ☆ ☆ ☆ ☆

SHOW: ______________________________

CHANNEL: ______________________________

SEASON: ______________________________

EPISODE: ______________________________

RATING: ☆ ☆ ☆ ☆ ☆

SHOW: ______________________________

CHANNEL: ______________________________

SEASON: ______________________________

EPISODE: ______________________________

RATING: ☆ ☆ ☆ ☆ ☆

SHOW: ______________________________

CHANNEL: ______________________________

SEASON: ______________________________

EPISODE: ______________________________

RATING: ☆ ☆ ☆ ☆ ☆

SHOW: _______________________

CHANNEL: _______________________

SEASON: _______________________

EPISODE: _______________________

RATING: ☆☆☆☆☆

SHOW: _______________________

CHANNEL: _______________________

SEASON: _______________________

EPISODE: _______________________

RATING: ☆☆☆☆☆

SHOW: _______________________

CHANNEL: _______________________

SEASON: _______________________

EPISODE: _______________________

RATING: ☆☆☆☆☆

SHOW: _______________________________

CHANNEL: _______________________________

SEASON: _______________________________

EPISODE: _______________________________

RATING: ☆ ☆ ☆ ☆ ☆

SHOW: _______________________________

CHANNEL: _______________________________

SEASON: _______________________________

EPISODE: _______________________________

RATING: ☆ ☆ ☆ ☆ ☆

SHOW: _______________________________

CHANNEL: _______________________________

SEASON: _______________________________

EPISODE: _______________________________

RATING: ☆ ☆ ☆ ☆ ☆

SHOW: ________________________________

CHANNEL: ________________________________

SEASON: ________________________________

EPISODE: ________________________________

RATING: ☆ ☆ ☆ ☆ ☆

SHOW: ________________________________

CHANNEL: ________________________________

SEASON: ________________________________

EPISODE: ________________________________

RATING: ☆ ☆ ☆ ☆ ☆

SHOW: ________________________________

CHANNEL: ________________________________

SEASON: ________________________________

EPISODE: ________________________________

RATING: ☆ ☆ ☆ ☆ ☆

SHOW: __________________________

CHANNEL: _____________________

SEASON: ______________________

EPISODE: _____________________

RATING: ☆ ☆ ☆ ☆ ☆

SHOW: __________________________

CHANNEL: _____________________

SEASON: ______________________

EPISODE: _____________________

RATING: ☆ ☆ ☆ ☆ ☆

SHOW: __________________________

CHANNEL: _____________________

SEASON: ______________________

EPISODE: _____________________

RATING: ☆ ☆ ☆ ☆ ☆

SHOW: _______________________

CHANNEL: _______________________

SEASON: _______________________

EPISODE: _______________________

RATING: ☆ ☆ ☆ ☆ ☆

SHOW: _______________________

CHANNEL: _______________________

SEASON: _______________________

EPISODE: _______________________

RATING: ☆ ☆ ☆ ☆ ☆

SHOW: _______________________

CHANNEL: _______________________

SEASON: _______________________

EPISODE: _______________________

RATING: ☆ ☆ ☆ ☆ ☆

SHOW: ______________________________

CHANNEL: ______________________________

SEASON: ______________________________

EPISODE: ______________________________

RATING: ☆☆☆☆☆

SHOW: ______________________________

CHANNEL: ______________________________

SEASON: ______________________________

EPISODE: ______________________________

RATING: ☆☆☆☆☆

SHOW: ______________________________

CHANNEL: ______________________________

SEASON: ______________________________

EPISODE: ______________________________

RATING: ☆☆☆☆☆

SHOW: _______________________

CHANNEL: _______________________

SEASON: _______________________

EPISODE: _______________________

RATING: ☆ ☆ ☆ ☆ ☆

SHOW: _______________________

CHANNEL: _______________________

SEASON: _______________________

EPISODE: _______________________

RATING: ☆ ☆ ☆ ☆ ☆

SHOW: _______________________

CHANNEL: _______________________

SEASON: _______________________

EPISODE: _______________________

RATING: ☆ ☆ ☆ ☆ ☆

SHOW: ___________________________

CHANNEL: ___________________________

SEASON: ___________________________

EPISODE: ___________________________

RATING: ☆☆☆☆☆

SHOW: ___________________________

CHANNEL: ___________________________

SEASON: ___________________________

EPISODE: ___________________________

RATING: ☆☆☆☆☆

SHOW: ___________________________

CHANNEL: ___________________________

SEASON: ___________________________

EPISODE: ___________________________

RATING: ☆☆☆☆☆

SHOW: ______________________________

CHANNEL: ___________________________

SEASON: ____________________________

EPISODE: ___________________________

RATING: ☆☆☆☆☆

SHOW: ______________________________

CHANNEL: ___________________________

SEASON: ____________________________

EPISODE: ___________________________

RATING: ☆☆☆☆☆

SHOW: ______________________________

CHANNEL: ___________________________

SEASON: ____________________________

EPISODE: ___________________________

RATING: ☆☆☆☆☆

SHOW: ____

CHANNEL: ____

SEASON: ____

EPISODE: ____

RATING: ☆ ☆ ☆ ☆ ☆

SHOW: ____

CHANNEL: ____

SEASON: ____

EPISODE: ____

RATING: ☆ ☆ ☆ ☆ ☆

SHOW: ____

CHANNEL: ____

SEASON: ____

EPISODE: ____

RATING: ☆ ☆ ☆ ☆ ☆

SHOW: _______________________________________

CHANNEL: ____________________________________

SEASON: _____________________________________

EPISODE: ____________________________________

RATING: ☆ ☆ ☆ ☆ ☆

SHOW: _______________________________________

CHANNEL: ____________________________________

SEASON: _____________________________________

EPISODE: ____________________________________

RATING: ☆ ☆ ☆ ☆ ☆

SHOW: _______________________________________

CHANNEL: ____________________________________

SEASON: _____________________________________

EPISODE: ____________________________________

RATING: ☆ ☆ ☆ ☆ ☆

SHOW: _______________

CHANNEL: _______________

SEASON: _______________

EPISODE: _______________

RATING: ☆ ☆ ☆ ☆ ☆

SHOW: _______________

CHANNEL: _______________

SEASON: _______________

EPISODE: _______________

RATING: ☆ ☆ ☆ ☆ ☆

SHOW: _______________

CHANNEL: _______________

SEASON: _______________

EPISODE: _______________

RATING: ☆ ☆ ☆ ☆ ☆

SHOW: _______________________________

CHANNEL: _______________________________

SEASON: _______________________________

EPISODE: _______________________________

RATING: ☆ ☆ ☆ ☆ ☆

SHOW: _______________________________

CHANNEL: _______________________________

SEASON: _______________________________

EPISODE: _______________________________

RATING: ☆ ☆ ☆ ☆ ☆

SHOW: _______________________________

CHANNEL: _______________________________

SEASON: _______________________________

EPISODE: _______________________________

RATING: ☆ ☆ ☆ ☆ ☆

SHOW: _______________________

CHANNEL: ____________________

SEASON: _____________________

EPISODE: ____________________

RATING: ☆ ☆ ☆ ☆ ☆

SHOW: _______________________

CHANNEL: ____________________

SEASON: _____________________

EPISODE: ____________________

RATING: ☆ ☆ ☆ ☆ ☆

SHOW: _______________________

CHANNEL: ____________________

SEASON: _____________________

EPISODE: ____________________

RATING: ☆ ☆ ☆ ☆ ☆

SHOW: ____________________

CHANNEL: ____________________

SEASON: ____________________

EPISODE: ____________________

RATING: ☆ ☆ ☆ ☆ ☆

SHOW: ____________________

CHANNEL: ____________________

SEASON: ____________________

EPISODE: ____________________

RATING: ☆ ☆ ☆ ☆ ☆

SHOW: ____________________

CHANNEL: ____________________

SEASON: ____________________

EPISODE: ____________________

RATING: ☆ ☆ ☆ ☆ ☆

SHOW:

CHANNEL:

SEASON:

EPISODE:

RATING: ☆ ☆ ☆ ☆ ☆

SHOW:

CHANNEL:

SEASON:

EPISODE:

RATING: ☆ ☆ ☆ ☆ ☆

SHOW:

CHANNEL:

SEASON:

EPISODE:

RATING: ☆ ☆ ☆ ☆ ☆

SHOW: _______________________________________

CHANNEL: _______________________________________

SEASON: _______________________________________

EPISODE: _______________________________________

RATING: ☆ ☆ ☆ ☆ ☆

SHOW: _______________________________________

CHANNEL: _______________________________________

SEASON: _______________________________________

EPISODE: _______________________________________

RATING: ☆ ☆ ☆ ☆ ☆

SHOW: _______________________________________

CHANNEL: _______________________________________

SEASON: _______________________________________

EPISODE: _______________________________________

RATING: ☆ ☆ ☆ ☆ ☆

SHOW: _______________________

CHANNEL: _______________________

SEASON: _______________________

EPISODE: _______________________

RATING: ☆☆☆☆☆

SHOW: _______________________

CHANNEL: _______________________

SEASON: _______________________

EPISODE: _______________________

RATING: ☆☆☆☆☆

SHOW: _______________________

CHANNEL: _______________________

SEASON: _______________________

EPISODE: _______________________

RATING: ☆☆☆☆☆

SHOW: _______________________

CHANNEL: _______________________

SEASON: _______________________

EPISODE: _______________________

RATING: ☆ ☆ ☆ ☆ ☆

SHOW: _______________________

CHANNEL: _______________________

SEASON: _______________________

EPISODE: _______________________

RATING: ☆ ☆ ☆ ☆ ☆

SHOW: _______________________

CHANNEL: _______________________

SEASON: _______________________

EPISODE: _______________________

RATING: ☆ ☆ ☆ ☆ ☆

SHOW: ___________________________

CHANNEL: ___________________________

SEASON: ___________________________

EPISODE: ___________________________

RATING: ☆ ☆ ☆ ☆ ☆

SHOW: ___________________________

CHANNEL: ___________________________

SEASON: ___________________________

EPISODE: ___________________________

RATING: ☆ ☆ ☆ ☆ ☆

SHOW: ___________________________

CHANNEL: ___________________________

SEASON: ___________________________

EPISODE: ___________________________

RATING: ☆ ☆ ☆ ☆ ☆

SHOW: ____

CHANNEL: ____

SEASON: ____

EPISODE: ____

RATING: ☆ ☆ ☆ ☆ ☆

SHOW: ____

CHANNEL: ____

SEASON: ____

EPISODE: ____

RATING: ☆ ☆ ☆ ☆ ☆

SHOW: ____

CHANNEL: ____

SEASON: ____

EPISODE: ____

RATING: ☆ ☆ ☆ ☆ ☆

SHOW:

CHANNEL:

SEASON:

EPISODE:

RATING: ☆☆☆☆☆

SHOW:

CHANNEL:

SEASON:

EPISODE:

RATING: ☆☆☆☆☆

SHOW:

CHANNEL:

SEASON:

EPISODE:

RATING: ☆☆☆☆☆

SHOW: ___________________________

CHANNEL: ___________________________

SEASON: ___________________________

EPISODE: ___________________________

RATING: ☆ ☆ ☆ ☆ ☆

SHOW: ___________________________

CHANNEL: ___________________________

SEASON: ___________________________

EPISODE: ___________________________

RATING: ☆ ☆ ☆ ☆ ☆

SHOW: ___________________________

CHANNEL: ___________________________

SEASON: ___________________________

EPISODE: ___________________________

RATING: ☆ ☆ ☆ ☆ ☆

SHOW:

CHANNEL:

SEASON:

EPISODE:

RATING: ☆☆☆☆☆

SHOW:

CHANNEL:

SEASON:

EPISODE:

RATING: ☆☆☆☆☆

SHOW:

CHANNEL:

SEASON:

EPISODE:

RATING: ☆☆☆☆☆

SHOW: _______________________

CHANNEL: _______________________

SEASON: _______________________

EPISODE: _______________________

RATING: ☆ ☆ ☆ ☆ ☆

SHOW: _______________________

CHANNEL: _______________________

SEASON: _______________________

EPISODE: _______________________

RATING: ☆ ☆ ☆ ☆ ☆

SHOW: _______________________

CHANNEL: _______________________

SEASON: _______________________

EPISODE: _______________________

RATING: ☆ ☆ ☆ ☆ ☆

SHOW: ______________________________

CHANNEL: ______________________________

SEASON: ______________________________

EPISODE: ______________________________

RATING: ☆ ☆ ☆ ☆ ☆

SHOW: ______________________________

CHANNEL: ______________________________

SEASON: ______________________________

EPISODE: ______________________________

RATING: ☆ ☆ ☆ ☆ ☆

SHOW: ______________________________

CHANNEL: ______________________________

SEASON: ______________________________

EPISODE: ______________________________

RATING: ☆ ☆ ☆ ☆ ☆

SHOW: ______________________________

CHANNEL: ______________________________

SEASON: ______________________________

EPISODE: ______________________________

RATING: ☆ ☆ ☆ ☆ ☆

SHOW: ______________________________

CHANNEL: ______________________________

SEASON: ______________________________

EPISODE: ______________________________

RATING: ☆ ☆ ☆ ☆ ☆

SHOW: ______________________________

CHANNEL: ______________________________

SEASON: ______________________________

EPISODE: ______________________________

RATING: ☆ ☆ ☆ ☆ ☆

SHOW: _______________________

CHANNEL: _______________________

SEASON: _______________________

EPISODE: _______________________

RATING: ☆ ☆ ☆ ☆ ☆

SHOW: _______________________

CHANNEL: _______________________

SEASON: _______________________

EPISODE: _______________________

RATING: ☆ ☆ ☆ ☆ ☆

SHOW: _______________________

CHANNEL: _______________________

SEASON: _______________________

EPISODE: _______________________

RATING: ☆ ☆ ☆ ☆ ☆

SHOW: ______________________________

CHANNEL: ___________________________

SEASON: ____________________________

EPISODE: ___________________________

RATING: ☆ ☆ ☆ ☆ ☆

SHOW: ______________________________

CHANNEL: ___________________________

SEASON: ____________________________

EPISODE: ___________________________

RATING: ☆ ☆ ☆ ☆ ☆

SHOW: ______________________________

CHANNEL: ___________________________

SEASON: ____________________________

EPISODE: ___________________________

RATING: ☆ ☆ ☆ ☆ ☆

SHOW: _______________

CHANNEL: _______________

SEASON: _______________

EPISODE: _______________

RATING: ☆ ☆ ☆ ☆ ☆

SHOW: _______________

CHANNEL: _______________

SEASON: _______________

EPISODE: _______________

RATING: ☆ ☆ ☆ ☆ ☆

SHOW: _______________

CHANNEL: _______________

SEASON: _______________

EPISODE: _______________

RATING: ☆ ☆ ☆ ☆ ☆

SHOW: _______________________________

CHANNEL: _______________________________

SEASON: _______________________________

EPISODE: _______________________________

RATING: ☆ ☆ ☆ ☆ ☆

SHOW: _______________________________

CHANNEL: _______________________________

SEASON: _______________________________

EPISODE: _______________________________

RATING: ☆ ☆ ☆ ☆ ☆

SHOW: _______________________________

CHANNEL: _______________________________

SEASON: _______________________________

EPISODE: _______________________________

RATING: ☆ ☆ ☆ ☆ ☆

SHOW: ___________________________

CHANNEL: ___________________________

SEASON: ___________________________

EPISODE: ___________________________

RATING: ☆ ☆ ☆ ☆ ☆

SHOW: ___________________________

CHANNEL: ___________________________

SEASON: ___________________________

EPISODE: ___________________________

RATING: ☆ ☆ ☆ ☆ ☆

SHOW: ___________________________

CHANNEL: ___________________________

SEASON: ___________________________

EPISODE: ___________________________

RATING: ☆ ☆ ☆ ☆ ☆

SHOW: __________________________________

CHANNEL: _______________________________

SEASON: ________________________________

EPISODE: _______________________________

RATING: ☆ ☆ ☆ ☆ ☆

SHOW: __________________________________

CHANNEL: _______________________________

SEASON: ________________________________

EPISODE: _______________________________

RATING: ☆ ☆ ☆ ☆ ☆

SHOW: __________________________________

CHANNEL: _______________________________

SEASON: ________________________________

EPISODE: _______________________________

RATING: ☆ ☆ ☆ ☆ ☆

SHOW: ______________________________

CHANNEL: ______________________________

SEASON: ______________________________

EPISODE: ______________________________

RATING: ☆ ☆ ☆ ☆ ☆

SHOW: ______________________________

CHANNEL: ______________________________

SEASON: ______________________________

EPISODE: ______________________________

RATING: ☆ ☆ ☆ ☆ ☆

SHOW: ______________________________

CHANNEL: ______________________________

SEASON: ______________________________

EPISODE: ______________________________

RATING: ☆ ☆ ☆ ☆ ☆

SHOW: _______________________

CHANNEL: _______________________

SEASON: _______________________

EPISODE: _______________________

RATING: ☆ ☆ ☆ ☆ ☆

SHOW: _______________________

CHANNEL: _______________________

SEASON: _______________________

EPISODE: _______________________

RATING: ☆ ☆ ☆ ☆ ☆

SHOW: _______________________

CHANNEL: _______________________

SEASON: _______________________

EPISODE: _______________________

RATING: ☆ ☆ ☆ ☆ ☆

What To Watch Next

Show   Channel

What To Watch Next

Show   Channel

What To Watch Next

Show   Channel

What To Watch Next

Show   Channel

My Channels and Passwords

<u>Channel</u>   <u>User Name</u>   <u>Password</u>

My Channels and Passwords

Channel	User Name	Password

My Channels and Passwords

Channel	User Name	Password